现代搏击入门丛书

中国式摔跤运动入门

朱建亮　编著

人民体育出版社

图书在版编目（CIP）数据

中国式摔跤运动入门 / 朱建亮编著. -- 北京 : 人民体育出版社, 2013 (2024.4重印)
（现代搏击入门丛书）
ISBN 978-7-5009-4357-0

Ⅰ. ①中… Ⅱ. ①朱… Ⅲ. ①中国式摔跤－基本知识 Ⅳ. ①G886.2

中国版本图书馆CIP数据核字(2022)第105621号

*
人民体育出版社出版发行
北京建宏印刷有限公司印刷
新 华 书 店 经 销
*
850×1168 32开本 5.75印张 131千字
2013年1月第1版 2024年4月第6次印刷
印数：9,001—10,000册
*
ISBN 978-7-5009-4357-0
定价：28.00元

社址：北京市东城区体育馆路8号（天坛公园东门）
电话：67151482（发行部） 邮编：100061
传真：67151483 邮购：67118491
网址：www.psphpress.com
（购买本社图书，如遇有缺损页可与邮购部联系）

出版说明

随着社会文明程度的不断提高，搏击运动这种集强身健体、磨炼意志、陶冶情操、防身抗暴于一体的对抗性体育运动形式，正以其独特的风格，越来越广泛地引起世人的瞩目。

《现代搏击入门丛书》是专门为广大青少年搏击爱好者所设计的入门级图书。考虑到广大搏击爱好者的不同要求，我们收录了具有代表性的散打、跆拳道、截拳道、泰拳、拳击、柔道、空手道、合气道、中国式摔跤等九个现代较为热门的搏击项目。从这九个现代热门的搏击项目当中，广大搏击爱好者可以看到各个项目的精妙技法，领略到各具特色的搏击风格，还可以根据丛书中的动作图示进行系统的学习和训练。

本套丛书的作者都是专门从事各个项目的专业教练、专业教师。他们有极其丰富的教学经验，通过看他们的图书，能够使读者尽快地掌握各个项目的精妙绝技，从而跨入现代搏击的大门。

目 录

第一章　中国式摔跤概述

摔跤（Wrestling），作为人类史上最为古老的运动形式之一，在世界各地都有着广泛的群众基础，深受人们的喜爱。据统计，目前在世界各地各民族中开展的摔跤运动有 30 多种，其中最具影响力的有 6 大跤种，即古典式摔跤、自由式摔跤、相扑、柔道、桑勃式摔跤以及中国式摔跤。

中国式摔跤（Shuai Jiao）是 20 世纪 50 年代，我国体育工作者以中国几千年摔跤运动实践为背景，参照现代体育竞赛规则，以京津两地的摔跤技术为基础，综合了多个民族的摔法而定型的一项现代竞技运动项目，因以区别国际上其他种类的摔跤而冠名为“中国式摔跤”。此名虽有异议，但还没有找到更好的称谓，故此一直沿用至今。

现今，中国式摔跤虽然不是奥运会、全运会正式比赛项目，但它正以其独特魅力受到人们的衷爱。

第一节　中国式摔跤简史

一、中国式摔跤的起源与发展

中国式摔跤是中国历史上各民族摔跤运动发生、发展，最后整合、升华、规范的产物。汉族的角抵与相扑、蒙古族的角力和满族的布库是中国式摔跤的三大来源。

1. 中国式摔跤的起源

就其起源或者说渊源来说，主要是在人类的生产劳动、生活、战争和娱乐等过程中因需要而产生的。

在远古时期，原始人为了生存和生活，进行生产劳动（主要是狩猎）。在原始人或部落之间会因争夺食物或自卫而进行徒手搏斗，这使原始人类逐渐地形成了许多徒手的格斗技术。这些格斗技术经一些原始人有意识进行习练和传授，就成了摔跤运动的萌芽。

从夏商周至春秋战国时期，战争频繁。由于战争的需要，摔跤成为一项重要的军事训练科目。当时，摔跤已成为人们锻炼身体和文化娱乐的工具，是人们喜闻乐见的体育活动和节日庆典活动之一。

2. 中国式摔跤的发展

秦时期，正式将摔跤定名为“角抵”。因秦销毁兵器，限制民间持兵器习武，因而角抵在民间能够得到广泛的发展。1975 年，湖北江陵凤凰山秦墓出土的木篦上曾有古代摔跤的画面（图 1–1）。这是至今最早被发现的有关古代摔跤史料。

图 1–1

两汉时期，经济发展、文化繁荣，中外交流频繁，角抵戏内容更加丰富多彩，表演规模宏大，盛况空前。每年春、夏两季都要在京城举办大规模的角抵戏活动，三百里内的老百姓都赶来观看，热闹非常。

两晋、南北朝时期，是一个社会动荡和各民族文化融合时期，这个时期，摔跤的地位低下，但仍纳在百戏之中。

隋朝初期，角抵活动开始复苏，在宫廷、民间的节日活动中都有所发展和盛行。然而又因角抵戏耗财大也引起部分人的非议并建议颁布禁令。

唐代开始实行武举制，这对摔跤的发展起到了推动作用。当时，除了称摔跤为 “角抵”、“相扑”外，还称其为“手搏”。

宋代称摔跤为“相扑”或“争跤”，在隋唐五代基础上继续发展。由于摔跤运动的广泛开展，宋代摔跤在技术上有了很大的提高。但在比赛规则、技术运用等方面都和摔跤有显著的不同，它是摔和击打的混合运动。

元朝时期，为了防止汉族和其他少数民族人民反抗，其统治者严禁民间相扑等习武活动，所以汉族等民族的摔跤活动及其发展受限。然而，蒙古族自己的摔跤运动（称“搏克”或“巴邻勒都”）有了很大的发展。故此，蒙古族的摔跤运动对此后中原和少数民族地区的摔跤活动有着深远的影响。

明朝建立后，提倡摔跤。但因为拳术已得到较大的发展，而削弱了摔跤的重要地位，因此其始终没有恢复到唐宋时的盛况。

清代，皇帝大力提倡摔跤，因此摔跤活动较唐、宋更为盛行，风靡全国。当时，摔跤活动有“官跤”和“私跤”之别。“官跤”主要是指清王朝的皇家摔跤，清廷侍卫府专设有“相扑营”，后称之为“善扑营”，善扑营专门招募和训练摔跤能手，其目的一方面是定期与蒙古各部摔跤能手进行比赛和宫廷表演，另一方面是平时担任宫中守卫和御试武进士时充当执事。“私跤”主要是指民间摔跤，京、津、保定等地常设有私跤场并有传授私跤者。清末，“善扑营”解散，“官跤”走向民间。总之，满族在原有“布库” 的基础上吸收蒙、汉等各民族的摔跤长处，使摔跤技艺有了很大的发展。

民国时期，民间出现了许多拳社组织，对摔跤活动的宣传与普及做了不少工作。民国初年，南京中央国术馆成立，摔跤被列为正式授课内容。第一部较完整的中国摔跤规则见于1931年制定的《国术考试细则（修正)》中。然而，由于当时的政治、经济、文化、教育等都受到帝国主义和封建主义的影响，在很大程度上制约了摔跤运动的继承和发展。

中华人民共和国成立后，党和政府高度重视和关怀民族传统体育，国家体委将其列为全国体育竞赛项目，规定每年举行一次单项锦标赛，使摔跤走上有组织、有领导、有计划发展的道路。1953年第1届全国民族形式体育运动表演及竞赛大会审订的《民族形式体育运动摔跤暂行规则》初步确立了“中国式摔跤”竞赛规则，使其成为一项独立的正式体育比赛项目在全国推广。1956年国家体委成立摔跤协会，各省市都成立了专业队，民间的乡村厂矿也都纷纷成立摔跤队。每年都举行全国性比赛，例如在第一、二、三、四、六、七届全国运动会中，将中国式摔跤列为正式比赛项目。1958年，正式冠名为“中国式摔跤”，以区别其他摔跤项目。

20世纪六七十年代中国式摔跤运动一度达到了巅峰，出现了很多中国式摔跤高手。80年代末，由于举国体育制度和

“奥运争光计划”的需要，国家体育部门主攻柔道、国际式摔跤等奥运会项目，从第七届全运会后，全运会取消了中国式摔跤项目，中国式摔跤又进入一个低谷期。

1993年中国跤“告别”全运会后，这一运动项目迅速沉寂，全国锦标赛和冠军赛十分冷清，甚至停办。自中国式摔跤发展管理委员会于2004年成立后，这个中华民族优秀传统体育项目的赛事逐步规范，特别是中国跤王争霸赛推出后，这项运动重焕生机，全国锦标赛参赛人数曾达到近500人。

随着中国式摔跤运动项目的不断发展，它在高校和俱乐部重新得到重视。开展得比较好的高校和俱乐部分别为：天津体育学院、武汉体育学院、山东体育学院、首都体育学院、上海体育学院、哈尔滨体育学院、清华大学等院校和北京双雄摔跤俱乐部、北京天池摔跤俱乐部等。高等学府开设中国式摔跤课，为中国式摔跤运动项目的发展开拓了广阔的道路和前景。

随着科学技术和体育产业的全球化、多元化的不断发展以及我国体制改革的不断深入，中国式摔跤面临着前所未有的挑战和机遇，一个以全民健身为背景的体育产业市场正在到来，中国式摔跤将焕发出其独特的魅力和经久不衰的生命力。

二、中国式摔跤的主要赛事

在当今，中国式摔跤赛事主要有国际邀请赛、全国锦标赛、全国冠军赛、全国大学生锦标赛、跤王争霸赛、法国巴黎市长杯等；另外，中国式摔跤是全国体育大会、全国农民运动会、全国少数民族运动会的重点比赛项目。

三、中国式摔跤的主要技术流派

1. 北京跤

主要流行于北京地区，它继承和发展了清代善扑营摔跤的独特功法和技法。特点是功法和技法繁多，动作细腻，以手法著称。其传播范围包括山东、河南等地，这些地区原有的技术动作与北京跤结合起来，又各具特色。

2. 山西跤

主要流行于山西忻州、原平等地区，以抓腕、倒胳膊、挟颈、插肩、锁肘、抱腿为主，尤其以抱腿摔为其特长。参与中国式摔跤比赛后，在技术上也自成派别，50 年代，山西运动员崔富海等通过全国中国式摔跤比赛将抱腿技术进行了普及。

3. 蒙古跤

主要流行于内蒙古、新疆等地区，该派以力量见长，带有很多蒙古式摔跤的特点。

4. 保定跤

主要流行于保定地区，是将武术和摔跤融合在一起，形成别具一格的保定快跤，它又称“武术跤”。济南、南京等地也培养了大批快跤手。

第二节　中国式摔跤特点

一、规则简明，妇孺皆知

中国式摔跤是一种站立式摔跤，双方运动员在 14 米×14 米的摔跤垫子上设 8 米×8 米的比赛区内进行比赛。用一句话来概括比赛规则就是：两人对摔时，除双脚以外，身体其他任何部位先着地者为负（有一种特殊情况即在使用小得合技术时，当膝关节触地并且成功时则不失分，反之则失分）。因此，中国式摔跤规则简明，妇孺皆知，胜负容易判断，深受广大群众喜爱。

二、运动激烈，观赏性强

中国式摔跤是在激烈的揪拿与反揪拿、控制与反控制过程中，寻找战机使用技术动作。因此在比赛中，运动员要及时根据对手的重心变化、使用的技术动作和技术风格等因素果断出击，这正如老一辈摔跤名家常说的“动作犹如打闪纫针”一样地快速。

中国式摔跤对抗性很强，竞争激烈，故此观赏性不言而喻。它不野蛮、不血腥；不准使用反关节，只要对手倒地就算得分，运动员一般不会受伤，因此很文明，具有很强的观赏性。这些特点都非常符合奥运精神和理念。业内人士普遍认为中国式摔跤不但能体现出“更快、更高、更强”的奥林匹克精神，而且能展示君子谦谦的中华传统文化之道，中国式摔跤是中国进军奥运会的最佳项目之一。

三、技法丰富，技巧性强

中国式摔跤在形成发展过程中，不断地吸收各民族各地区摔跤技术优势而丰富其技术体系。在长期的实践中，形成了中国式摔跤丰富、细腻、系统、全面的技术特点。从手法、步法、身法及其组成的千变万化的跤绊技法就可见其丰富、细腻的技法，跤界俗语讲："大绊子三十六，小绊子赛牛毛。"

技巧性强是中国式摔跤的最显著特点。自古以来，中国式摔跤是不分级别的（虽然近现代按规则人为地分级别），体重大力量足的摔跤手自然占了便宜，而体重轻力量小的摔跤手要想战胜体重和力量都占优势的对手则必须掌握精湛的技术和"顺人之势、借人之力"的独特技巧。在中国式摔跤攻防过程中，其技巧性强不仅体现在虚实转换、欲左先右、欲前先后、欲合先离，而且还体现在这种变化的快慢适度、恰到妙处，即该慢则慢、该快则快。总之，技巧性强是中国式摔跤的典型特点，从表现形式上看体现为技法的力学原理，从哲学上来看体现为其理在阴阳。

四、点到为止，安全文明

一方第三点触地即分胜负，被称为点到为止。比赛提倡不有意砸压对方、干净利落、文明大方。这一特点在两人直接对抗项目中独一无二，非常安全文明。一次四五百人参加的比赛，常无一人受伤。

第三节　中国式摔跤作用

一、锻炼品质，培养人格

中国式摔跤训练，从基本功、基本技术练习，到条件实战以至全面实战的练习过程中，在每个阶段和每个层次都对人的意志品质和人格有不同程度的磨炼。增加量和强度时，要克服疲劳之苦；进行实战时，要克服胆怯、紧张等不良心理反应。通过长期的中国式摔跤训练，可以培养习者果敢、坚毅，不怕苦、不怕累，敢于拼搏的精神，进而形成成熟、稳健、积极向上的优良品质。

中国式摔跤规则简单、条件要求不高、活动易于开展的优点及其竞技娱乐性也容易被青少年所接受。因此，这项运动在各级学校中广泛开展前景广阔，意义重大。中国式摔跤是多种运动项目的结合，它需要有武术运动员的灵巧，杂技演员的柔韧，举重运动员的力量，以及棋牌运动员的谋略。能够培养青少年竞争意识、英雄气概、理想信念以及自强观念等人格。

二、内涵深邃，传承载体

从事武学研究多年的苏学良先生指出中国式摔跤充分体现了“中和、谨信、自强、厚德”8个字的理念。中和思想就是中庸之道，中和还有另外含义叫做“独善、兼济”，不偏不倚为中，无过不及和睦相处则为和，和谐共存物我一体；谨信就是要求学练中国式摔跤的人以规范自己言行举止才算学有所成。自强与厚德是做人应有的品德。“中和、谨信、自强、厚德”是我们中华民族自古以来做人的道德和做事的准则。做人必先正心，心正而后才能修身，修身才能齐家，齐家而后才能天下和谐。以这一理念为核心，从着装、礼仪、对抗性、人文健体等各个方面，深入挖掘这一运动所蕴含的传统意义和民族精神，形成较具规模和系统的中国式摔跤文化体系。

中国式摔跤等民族传统体育项目是优秀中华民族传统文化与民族精神的载体之一，发展它们就是继承和弘扬优秀中华民族传统文化与民族精神的一种有效手段。

三、强身健体，防身自卫

中国式摔跤是一项民族传统体育运动项目，通过习练，能够发展人的力量、耐力、柔韧、灵敏等素质和提高身体机能；坚持中国式摔跤训练，可强身健体。

中国式摔跤是以双方互相对抗为运动形式，这就要求习练者在实践中正确把握进攻的时机，防守要到位，反击要及时，从而建立正确的条件反射；同时还要针对不同的对手和双方临场的变化，提高应变能力，以及提高实战能力，以达到防身自卫和保障安全的作用。

四、竞技观赏，丰富生活

中国式摔跤具有很高的观赏价值。在竞赛中，双方运动员的斗智、斗勇和斗技，能够给观众极大的观赏热情，说明中国式摔跤比赛不仅刺激、激烈，而且具有较高的观赏价值，还丰富了人们的社会生活。

第四节　中国式摔跤竞赛规则简介

一、竞赛种类、组别和级别

竞赛可分为个人竞赛和团体竞赛，根据参加比赛人数的情况可采用淘汰制或循环制。

组别分为男子组和女子组。级别是按运动员体重来划分的，这里主要讲成年组，成年男子组共有 10 个级别，依次为 –52kg、–56kg、–60kg、–65kg、–70kg、–75kg、–82kg、–90kg、–100kg、–115kg；成年女子组共有 8 个级别，依次为–48kg、–52kg、–56kg、–60kg、–65kg、–70kg、–75kg、–82kg。

二、得分标准

比赛中，除两脚（两点）以外的身体其他任何部位（第三点）着地或消极、犯规被警告者失分。根据倒地和其他情况，判对方得 3 分、2 分、1 分或双方互不得分。在比赛过程中，比赛双方比分累计相差 9 分时，则直接判分高者胜。

将对方摔成两脚离地同时身体成腾空状、躯体产生翻转，躯干着地并且我方保持站立则我方得 3 分。

将对方摔成得 3 分状，我方“第三点”随后触地；将对方摔成躯干着地但没有腾空，我方保持站立；对方教练员被罚出场。出现以上 3 种情况之一者，我方得 2 分。

将对方摔成除 3 分、2 分情况外的“第三点”着地；双方同时倒地，我方躯干在上；我方“第三点”未触地，对方身体任何部位接触保护区；对方或对方教练员受到一次警告。出现以上 4 种情况之一者，我方得 1 分。

双方不分上下同时倒地；双方同时出界。出现以上 2 种情况之一者，双方互不得分。

三、比赛时间

每场比赛净时 4 分钟，上下半场净时各两分钟，中间休息 30 秒。比赛中一切暂停时间均应扣除。

四、比赛场地

比赛场地由硬度适当的海绵垫组成，厚度为 6~8cm，整个场地边长为 12m 的正方形，表面覆盖革制盖单。

比赛区为场地中心 9m 直径的圆形，比赛区为黄色。比赛区边沿至垫子边沿为保护区，保护区的四角有中华民族的图腾龙的标记。

比赛开始线是比赛区中间相距 3m 各标出的红蓝线，面向裁判台左红右蓝，开始线长 60cm，宽 6cm。出场线是沿开始线平行至距垫子边沿 50cm 处各标出红蓝线，长宽同开始线。(图 1–2)

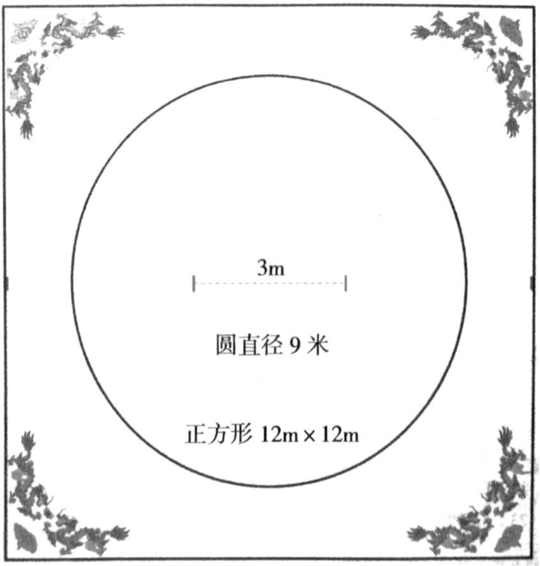

图 1–2

五、进攻有效与无效

在比赛区内使用动作将对方摔倒；在比赛区内将对方摔倒后，自己踏入或跌入保护区；将对方摔倒触地与鸣哨（锣）同时发生；对方倒地与自己踏入保护区同时发生。出现以上 4 种情况之一者判进攻有效。

故意将对方推出或抱出比赛区；踩着对方的脚或松开后立即进攻；使用犯规动作进攻；场上裁判员叫停后仍然进攻；将对方摔倒触地发生在鸣哨（锣）之后。出现以上 5 种情况之一者判进攻无效。

六、犯规与消极

犯规主要有侵人犯规和技术犯规。

有使用反关节动作有意伤害对手者；以手、肘、膝、头部击打或撞击对方或抓对方生殖器官者；用脚尖踢对手或用脚蹬踹对手者；用脚踢、弹对手小腿中部以上部位者；按压对方眉口之间的面部或咽喉或抓对手头发者；双手搂抱对手头、颈者；已将对手摔倒，还故意压砸对方者；将对手抱起使之失去控制能力，仍将对方头朝下垂直下摔，有意伤害对手者等。只要有以上8种行为之一者就判其侵人犯规，警告一次，被侵害者得1分。

在场上裁判员发出开始口令之前或叫停之后，仍然进攻者；比赛进行中，作为教练员、助手干扰比赛或进入场地者；比赛进行中，自行停止比赛者；比赛中故意抓对手裤子者；女运动员故意抓对方内衣者；比赛中故意倒地者；比赛中佩戴饰物或坚硬护具者；比赛进行中，跤衣带、跤靴带松开者；违反服装及礼节等各款者。只要有以上9种行为之一者就判其技术犯规，警告一次，对方得1分。

不主动抓握，被对手抓握后又多次逃脱，逃脱后不积极抓握进攻，仍有意逃避达15秒者；抓住有利把位而不主动进攻达15秒者；双手抓住对手，但不使用动作故意拖延比赛时间达15秒者；用头顶住对方，故意拖延比赛时间达15秒者；仅使用假进攻动作而无真正进攻意图达15秒者；主动进入保护区者；倒地后不立即起身，故意拖延比赛达5秒者；因对手无意轻微犯规而故作受伤状，经医生诊断后仍不积极比赛者。在比赛进行中只要有以上8种行为之一者就判其消极，警告一次，对方得 1 分。

七、礼仪和礼节

1. 着装

运动员上场之前，必须按本规则着装。跤衣、跤裤边条颜色要一致；比赛进行中，运动员须经场上裁判员指令，才能整理服装；女运动员跤衣内必须穿无袖紧身上衣，不得穿戴有金属或其他硬质框架的胸罩。

跤服主要包括跤衣和跤裤，跤衣又称褡裢，由多层厚棉白布缝制而成。跤衣两面的领襟、胸襟、袖口、底襟分别用红布或蓝布镶嵌，以示红方或蓝方。穿上跤衣后还要系上腰带，行话称其为中心带。跤裤由结实的白棉布制成，其中束两裤腿口，跤裤两面的裤缝处用红布或蓝布带镶嵌，以示红方或蓝方。另外，现在通常训练和比赛中须穿跤鞋。(图 1–3)

图 1–3

2. 仪表

运动员仪表要整洁大方，颜面要洁净，皮肤暴露处不得涂抹油脂或油彩；运动员不得佩戴任何首饰、硬质发夹及硬质护件；运动员的头发应长于10毫米或刮净，长发必须编扎；运动员的指甲不得长于1毫米。

3. 礼节

抱拳礼要求持立正姿势，两臂上抬至胸前呈环形状，右手握拳，拳眼向脸，左手五指并拢，拇指弯曲，掌心压在右拳四指部位。两手合拢瞬间，向前略推；比赛开始前，运动员站在场地两侧上场线处，看到裁判员进场手势后进场。进场后站在开始线按裁判员手势向对方致抱拳礼；比赛结束，运动员站在开始线，待场上裁判员宣判结果后，运动员向场上裁判员致抱拳礼，然后回到上场线一侧，相互致抱拳礼后退场。

第二章　中国式摔跤基本技术

从项群训练理论来看，中国式摔跤是属于技能主导类格斗对抗性项群。技术是中国式摔跤运动员竞技能力的三个决定因素之一。因此中国式摔跤技术在练习和比赛中占有极其重要的地位。

第一节　跤　架

在与对方交手之前，中国式摔跤要有一定的基本站立姿势，称为跤架。跤架的高、矮、大、小要有利于进攻与防守以及攻防转换。掌握了正确的跤架，才能顺利地使绊进攻，同时又能严密地防守对方的进攻和伺机由防守转为进攻。

一般情况下，跤架为两脚左右开立，一脚在前方，另一脚在后方，两脚前后保持适当的距离，左右距离略比肩宽，脚尖里扣。两腿弯曲或稍屈，身体重心降低且略偏后，一般以后脚承担全身约 60%的重量，因此，后脚为主要站立基础，俗称为底腿或底桩；前脚仅承担全身约 40%的重量。头部保持正直，目平视前方，鼻尖向前不能超过前脚尖，后脑不得超过后脚跟。两手手指并拢，成松握拳状（为了抓对方跤衣时动作方便同时保护手指安全），两肘下垂、含胸、紧臂和内收尾骨。两手高不过鼻，低不过嘴，两手相距约 10 厘米。

摔跤时，双方随时在变换动作，及时调整身体重心，保持身体的稳定性，以适应进攻、防守和攻守变换的需要。

通常情况下，跤架分为左架和右架。

一、左 架

左脚在前为左架，此时左手为上手（进攻手），右手为底手（辅助进攻手）；一般情况下，出左架的人，其进攻动作多在左边。（图 2–1）

图 2–1

二、右 架

右脚在前为右架，此时右手为上手（进攻手），左手为底手（辅助进攻手）。一般情况下，出右架的人，其进攻动作多

在右边。（图 2–2）

图 2–2

第二节　基本步法

步法是中国式摔跤的技术基础，是拉扯对方、接近对方、远离对方、调整身体重心的重要手段。步法行话称“步眼”，是讲在中国式摔跤运动过程中脚步移动的重要性。步法走错就有输跤的可能。只有运用正确的步法，才能使进攻动作有好的效果，另外，合理的步法还能化解对方的进攻。前脚为先锋，也称前腿；后脚是后卫，又称底腿。步法及其挪动的基本要求：后卫先挪动，先锋紧跟踪，后卫挪一尺，先锋挪三寸；右架常向左挪动，左架常向右挪动；后卫保先锋，确保斜丁形。

本节重点介绍的步法有：上步、撤步、背步、盖步、透步、划步、败步、滑步、车轮步。

一、上 步

右架。左脚向正前或斜前方迈进一步，同时右脚适当拧转。（图 2–3~图 2–6）

图 2–3

图 2–4

图 2–5

图 2–6

二、撤　步

左架。左脚往后撤回一步，同时右脚适当拧转。（图2-7~图2-10）

图 2-7

图 2-8

图 2-9

图 2-10

三、背 步

右架。左脚经右脚后向右脚的右后侧插一大步。（图 2-11~图 2-13）

图 2-11

图 2-12

图 2-13

四、盖　步

马步站立。左脚上步后，及时提盘右脚，以右腿盖压左腿同时左脚适当拧转，右脚落在左脚右侧后成马步站立。（图2-14~图2-19）

图 2-14

图 2-15

图 2-16

图 2-17

图 2-18

图 2-19

五、透　步

右架。左脚经右脚后向右脚的右后侧插半步（透步的幅度比背步小）。（图 2-20~图 2-23）

图 2-20

图 2-21

图 2–22

图 2–23

六、划　步

右架。重心移至右腿，向右柔腰，以腰带动左腿，左脚经右脚左侧划弧（即左脚走弧形步）；顺势重心移至左腿，向左柔腰，以腰带动右腿，右脚经左脚右侧划弧（即右脚走弧形步）。（图 2–24~图 2–29）

图 2–24

图 2–25

图 2–26

图 2–27

图 2–28

图 2–29

七、败　步

右架。左脚稍左移，紧接右脚经左脚前向左侧方横跨一步。（图 2–30~图 2–32）

图 2–30

图 2–31

图 2–32

八、滑　步

右架。右脚向前进一步，左脚随即跟进。（图 2–33~图 2–36）

图 2–33

图 2–34

图 2–35

图 2–36

九、车轮步

右架。左脚上步后，重心移至左脚，同时以左脚前掌为轴，上身随之右转，用右脚在地上划圆；左架动作相同，唯方向相反。（图 2–37~图 2–41）

图 2–37

图 2–38

图 2–39

图 2–40

图 2–41

第三节　基本手法

行话常说“输跤不输手”“手是两扇门，全靠腿赢人”，这些都说明在中国式摔跤中手法是基本、是门户，是使绊的前奏。因此，练习中国式摔跤必须先练好基本手法。

基本手法主要包括把位手法、进攻手法、防守手法、解脱手法等。把位手法主要是指运用手抓拿（或揪拿）跤衣的方法；进攻手法主要是指运用手破坏对方身体重心，为进攻做准备的方法；防守手法主要是指运用手及手臂等部位，阻止对方抓拿（或揪拿）跤衣的方法；解脱手法主要是指运用手及手臂等部位，摆脱和化解被抓拿（或被揪拿）跤衣的方法。

这几种基本手法是相互联系和密不可分的，经常是相互转换和相互配合的，同时必须密切结合步法和身法才能取得良好的效果。

手法变化种类比较繁多。抢底手就是在进招前抢占重要的着力点。但是只有底手没有上手也不行，因为难以形成力偶作用，难以进招成功。一般说来，进攻为主的手为“上手”，辅助进攻的手为“底手”。有时上手和底手相互转换，即上手变底手，底手变上手。

根据爱好者和初学者的需要，本书重点讲解常用的把位手法。

一、拿大领

大拇指在内，其余四指在外抓拿跤衣。（图 2–42）

图 2–42

二、抓小袖

大拇指在外，其余四指在内抓拿跤衣。（图 2–43）

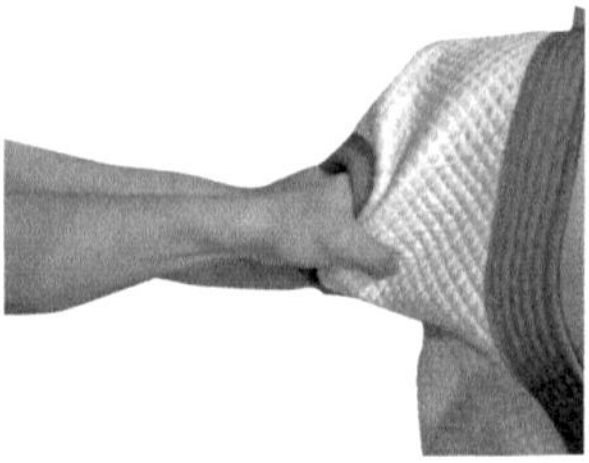

图 2–43

三、抓直门

大拇指在内，其余四指在外，虎口朝上抓拿跤衣。（图2–44）

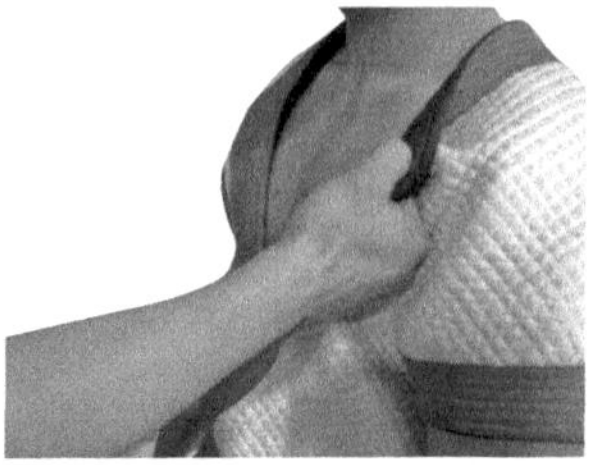

图 2–44

四、抓偏门

大拇指在外，其余四指在内，虎口朝上抓拿跤衣。（图 2-45）

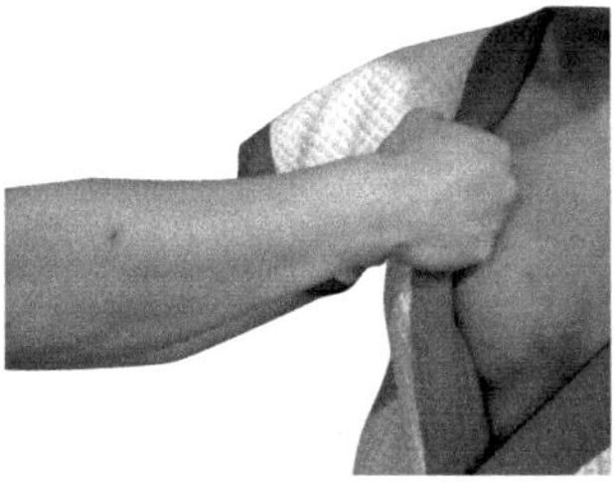

图 2-45

五、反抓直门（或称反挂门）

大拇指在外，其余四指在内，虎口朝下抓拿跤衣。（图 2-46）

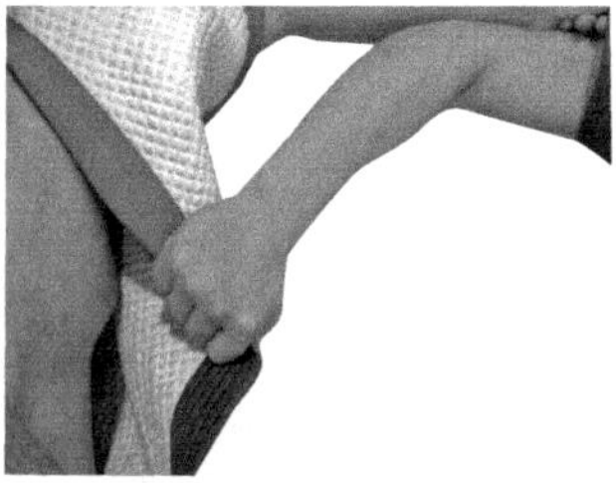

图 2-46

六、抓前带（也称挂带）

大拇指在外，其余四指在内，手心朝下抓拿跤衣。（图 2-47）

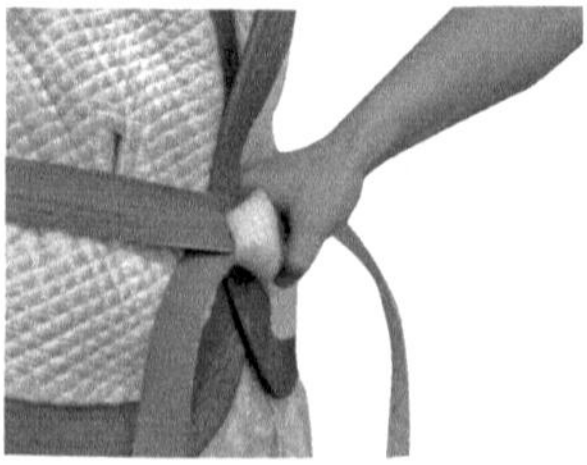

图 2–47

七、抓后带

手经对方同侧肩下抓后带，此时，大拇指在内，其余四指在外。（图 2–48）

图 2–48

八、抓底岔

大拇指在外，其余四指在内，虎口朝上抓拿跤带。（图 2–49）

图 2–49

第四节　基本摔法

中国式摔跤是斗技、斗智和较力的一项运动，因此变化万千。为了说明运动变化的事物，则要把动态的事物转化为静态的事物来描述并进行分类。对于中国式摔跤的摔法可以运用此原理进行说明和阐述。中国式摔跤的摔法很多，作为其入门则重点阐述一些基本摔法。

中国式摔跤的摔法分类方法比较多，本书是按被摔人倒地的方向进行分类。基本摔法分为前倒类、后倒类和侧倒类。前倒类摔法主要介绍揣、披等技术；后倒类摔法主要介绍里刀勾、大得合、小得合、撮窝、搂、切、耙拿、缠刁、抠腿、掏腿、躺刀、耙子、掰子等技术；侧倒类摔法主要介绍肘、手别、踢、勾子、别子、崴、扠撤、入、搀管、弹拧子、里手豁、扦腿、胯崩等技术。

一、前倒类

1. 揣

揣是指借用某种手法、步法，钻肩并转体使背、腰、臀部贴近对方胸腹部，紧底手、啃头、扎腰、崩腿、拉擦，将其向前摔倒的技术动作。

由于手法和步法不同，揣主要有抓小袖揣、借臂揣、抓底岔揣、扠揣、摇臂划步揣等。

(1) 抓小袖揣

甲（着深色衣服者）乙（着浅色衣服者）右架站立。甲左手抓（即揪）乙右臂小袖，右手控制乙左手；乙左手尚未抓拿或已抓住甲右手小袖，右手扶按甲臂。甲向前滑步捅推乙，待乙产生对抗力之时，甲借机捻按乙左手腕、背步、钻肩、转体，使背、腰、臀部贴近乙胸腹部，并迅速紧底手、啃头、扎腰、崩腿、拉擦，同时右手向后上方撩，将乙向前摔倒。（图 2-50~图 2-55）

图 2-50

图 2-51

图 2-52

图 2-53

图 2-54

图 2-55

【动作要领】

捅推、捻按、背步、钻肩、转体、紧手、啃头、扎腰、崩腿、拉擦、撩手。

注：甲右指甲右架、乙右指乙右架，甲左指甲左架、乙左指乙左架，以下均为此种含义。

⑵ 借臂揣

甲乙右架站立。甲左手捂按乙大领拿臂的肘弯处，右手控制乙左手；乙左手尚未抓拿或已抓住甲右手小袖，右手拿大领。甲捻按乙左腕、背步、钻肩、转体使背、腰、臀部贴近乙胸腹部，并迅速紧底手、啃头、扎腰、崩腿、拉擦，同时右手向后上方撩，将乙向前摔倒。（图 2–56~图 2–61）

【动作要领】

捻按、背步、钻肩、转体、紧手、啃头、扎腰、崩腿、拉擦、撩手。

图 2–56

图 2–57

图 2–58

图 2–59

图 2-60

图 2-61

2. 拔

拔是指用底手抓小袖，上手抓偏门，钻肩，转体成弓步使对方胸腹部贴近，支上手，紧底手，牵拉对方将其向前摔倒的技术动作。

拔是衍生出来的新技术，其手法只有一种，即抓偏门小袖。

甲乙右架站立。甲左手抓小袖，右手抓偏门；乙左手尚未抓拿或已抓住甲右手小袖，右手扶按甲臂。甲右臂支架乙同侧臂，当乙有下压之力时，甲迅速借力钻肩、转体、立肘成左弓步使对方胸腹部贴近，支右手，紧左手，牵拉乙将其向前摔倒。（图 2-62~图 2-67）

【动作要领】

借力钻肩、转体、立肘、支上手，紧底手，牵拉。

图 2-62

图 2-63

图 2-64

图 2-65

图 2–66

图 2–67

二、后倒类

1. 里刀勾

里刀勾是指借用某种手法、步法，用小腿盘挂并旋割对方同名腿小腿，将其向后摔倒的技术动作。由于手法不同，里刀勾主要有倒臂里刀勾、偏门小袖里刀勾和大拿里刀勾等。

（1）倒臂里刀勾

甲乙右架站立。甲乙散手，互不抓握。甲倒搭乙右臂后，顺势掤乙右臂，同时上左脚至乙右脚旁，乙髋被动靠近甲髋。在乙挣脱时，甲及时屈膝外展，用小腿盘挂并旋割对方右小腿下部（旋割之时绷脚面，以便使脚后跟和小腿下端形成“镰刀”），同时松臂向前欺身，将乙向后摔倒。（图 2–68~图 2–73）

图 2–68

图 2–69

图 2–70

图 2–71

图 2–72

图 2–73

【动作要领】

倒臂、拿腕、掤臂、合髋、盘挂并旋割小腿下端。

(2) 偏门小袖里刀勾

甲乙右架站立。甲左手抓乙小袖，右手控制乙左手；乙左手尚未抓拿或已抓住甲右手小袖，右手扶按甲臂。甲右手突然抓偏门并用力揿按乙，使乙力图后坐挣脱，此时甲借机上左脚至乙右脚旁，乙髋被动靠近甲髋。在乙挣脱时，甲及时屈膝外展，用小腿盘挂并旋割对方右小腿下部（旋割之时绷脚面，以便使脚后跟和小腿下端形成“镰刀”），同时松臂向前欺身，将乙向后摔倒。（图 2–74~图 2–79）

图 2–74

图 2–75

图 2–76

图 2–77

图 2–78

图 2–79

【动作要领】

揿按、合髋，盘挂并旋割小腿下端。

2. 大得合

大得合是指借用某种手法、步法，将小腿贴挂并旋打对方同侧小腿内后侧部位，将其向后摔倒的技术动作。

由于手法不同，大得合主要有大拿大得合、掖颚勺、偏门小袖大得合、反夹脖大得合等。

(1) 大拿大得合

甲右乙左架站立。甲左手抓乙小袖，右手拿大领；乙左手抓甲小袖，右手扶按臂或抓甲小袖。甲左手一紧，同时右手突然向左下侧一摁，当乙产生相反的顶力时，甲上左步同时双手顺势向右侧耘横乙，乙被拉至甲胸前。此时，抬右小腿贴挂并旋打对方同侧小腿内后侧部位，双把向前外侧旋送并用身体欺压对方，将其向后摔倒。（图 2–80~图 2–85）

图 2–80

图 2–81

图 2–82

图 2–83

图 2–84

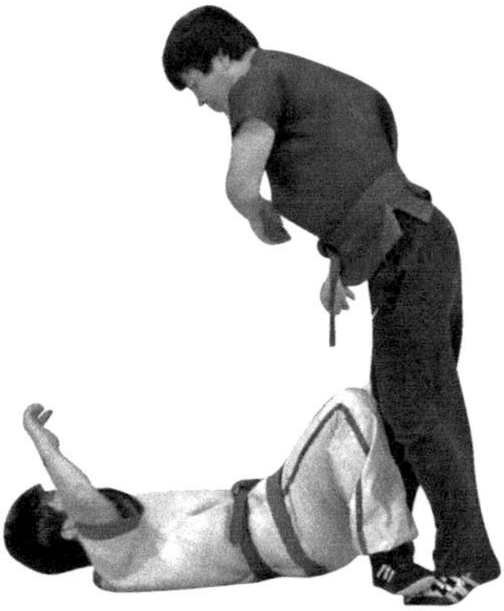

图 2–85

【动作要领】

摁把、耘横、贴挂、旋打、旋送、欺压。

⑵ 掖颚勺

甲右乙左架站立。甲左手抓乙中心带，右手抓偏门；乙左手扶按甲臂，右手扶按臂或抓甲小袖。甲抓乙中心带的手臂屈臂拉拽乙，使乙迫近，当乙产生相反的顶力时，甲上左步同时双手顺势向右侧耘横乙，乙被拉至甲胸前。此时，甲抬右小腿贴挂并旋打乙同侧小腿内后侧部位，双把向前外侧旋送并用身体欺压乙，将乙向后摔倒。（图 2-86~图 2-91）

图 2-86

图 2-87

图 2-88

图 2-89

图 2-90

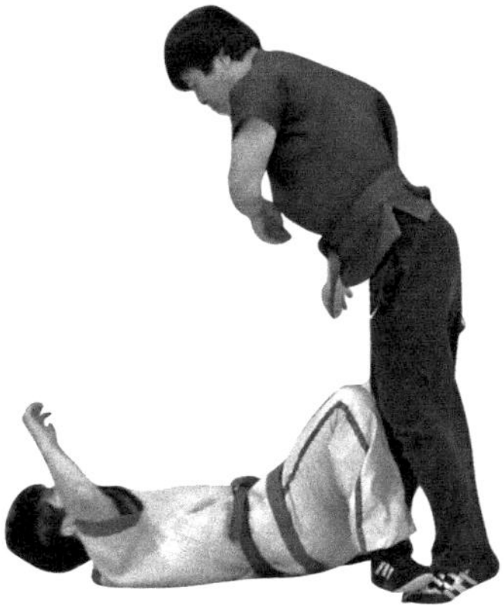

图 2-91

在 20 世纪 50 年代之前，扒肩的手抓对方偏门，屈臂掖咽喉，所以它又称为掖脖得合勒。为了保证摔跤者的安全，规则予以限制，不允许掖脖。

【动作要领】

拉拽、贴挂、旋打、旋送、欺压。

3. 小得合

小得合是指借用某种手法、步法，用小腿和膝从内侧向外侧贴挂和封锁对方同侧小腿，同时坠体欺身，将其向后摔倒的技术动作。

由于手法不同，小得合主要有右扠右打小得合、回马勺、散手小得合等。

(1) 右扠右打小得合

甲乙右架站立。甲左手抓乙小袖，右手控制乙左手；乙左手尚未抓拿，右手扶按甲臂。甲在紧底手，右手捻按乙左手，上左步，随后右步滑入乙裆下，与此同时裹右肩后，回右手臂扠捧乙左腋；甲及时用右小腿和膝从乙方同侧小腿内侧向外侧贴挂和封锁乙左小腿下部，同时右手沿乙的左侧身体和腿的后部迅速下滑至左小腿下部并扶按乙小腿，此时坠体欺身、头部砸顶乙胸配合左手前捅，将其向后摔倒。（图 2–92~图 2–95）

图 2–92

图 2–93

图 2–94

图 2–95

【动作要领】

抆捧、贴挂、封锁、坠体、欺身。

(2) 回马勺

甲乙右架站立。甲左手抓乙小袖，右手控制乙左手；乙左手尚未抓拿，右手扶按甲臂。甲在紧底手，右手捻按乙左手，上左步，随后右步滑入乙裆下，与此同时裹右肩，回右手臂抆捧乙左腋后猛然向左崴乙，乙欲向后回顶而未被崴动，此时甲及时借力回身挂打（即杀回马枪），将乙向后摔倒。(图 2–96~图 2–101)

图 2–96

图 2–97

图 2–98

图 2–99

图 2–100

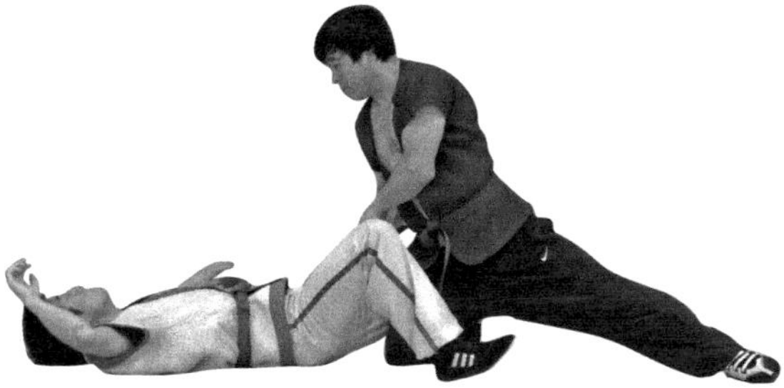

图 2–101

【动作要领】

扠崴、回身挂打。

4. 撮窝

撮窝是指借用某种手法、步法，用脚贴粘、跟随并勾挑同侧脚踝外侧，将其向后摔倒的技术动作。

由于手法不同，撮窝主要有接腕撮、大拿撮、偏门小袖撮、撞撮、掐撮等。

（1）接腕撮

甲右乙左架站立。乙右手抓甲左腕。当乙右手捻按甲左手时，甲左手和手臂顺势内扣，同时右手击打和抓握乙右手；此后，甲迅速上步跟进，用右脚贴粘、跟随并勾挑乙左脚踝外侧，同时解脱后的左手摁推乙右肩臂侧和右手向斜下方拉引乙右手，此时形成相错之势的三个力，将乙向后摔倒。(图 2–102~图 2–109)

图 2–102

图 2–103

图 2–104

图 2–105

图 2–106

图 2–107

图 2–108

图 2–109

【动作要领】

贴粘、跟随、勾挑、摁推、拉引。

(2) 大拿撮

甲右乙左架站立。甲左手抓乙小袖，右手拿大领；乙左手扶按甲臂，右手扶按甲臂或抓甲小袖。甲两手按逆时针方向相错，甲及时上步跟进，用右脚贴粘、跟随并勾挑乙左脚踝外侧，此时形成相错之势的三个力，将乙向后摔倒。(图 2–110~图2–115)

图 2–110

图 2–111

图 2–112

图 2–113

图 2–114

图 2–115

【动作要领】

相错、贴粘、跟随、勾挑。

5. 搂

搂是指借用某种手法、步法，腿从外向内挂割对方同侧腿后部，上体欺压对方身体，将其向后摔倒的技术动作。

由于手法不同，搂主要有拿臂搂、合脯搂等。

（1）拿臂搂

甲乙右架站立。甲乙散手。当乙欲抢底手时，甲右步及时滑入乙裆下，倒乙左臂并将其拿横于胸侧前，右手搂抱乙腰，与此同时甲左腿及时从外向内挂割乙右腿后部，上体欺压乙身体，将其向后摔倒。（图 2–116~图 2–123）

图 2–116

图 2–117

图 2-118

图 2-119

图 2-120

图 2-121

图 2-122

图 2-123

【动作要领】

倒臂、搂抱、挂割、欺压。

(2) 合脯搂

甲乙右架站立。甲两手控制乙两手。甲右手捻按乙左手，右步滑入乙两脚间；同时，裹右肩，返回右手臂搂抱乙左肩背侧，并用左腿及时从外向内挂割乙右腿后部，上体欺压乙身体，将其向后摔倒。（图 2-124~图 2-129）

图 2-124

图 2-125

图 2-126

图 2-127

图 2-128

图 2-129

【动作要领】

捻按、搂抱、挂割、欺压。

6. 切

切是指借用某种手法、步法，上体卡压对方身体；同时，腿从外向后贴靠并屈膝砸压对方异侧小腿，将其向后摔倒的技术动作。

由于手法和步法不同，切主要有大拿切、抄手切、赶切和摇臂划切等。

(1) 大拿切

甲乙右架站立。甲左手控乙右臂，右手拿大领；乙左手抓甲小袖，右手扶按甲臂。甲左手裹按乙右臂；同时，右手突然向左下侧一摁，当乙产生相反的顶力时，甲上左步同时双手顺势向右侧耘横乙，使之落于身后。待乙追腰时，裹底手（此时为左手），用右腋窝卡压乙脖颈，此时甲稍停顿并且身体重量大部分在乙的身上。当乙向后摆脱之时，甲右小腿快速从外向

后贴靠并屈膝砸压乙异侧腿后，同时左脚蹬地及时前移，将乙向后摔倒。（图 2–130~图 2–135）

图 2–130

图 2–131

图 2–132

图 2–133

图 2–134

图 2–135

【动作要领】

裹按、耘横、卡压、贴靠、砸压。

⑵ 抄手切

甲右乙左架站立。甲左手抓乙小袖，右手抓背部跤衣；乙左手卡搂甲腰部，右手按甲膝部。甲揪袖的手突然撒开，去抄乙的上臂（肘以上），同时盘右腿，甲右腿快速从外向后贴靠并屈膝砸压乙右腿；同时，左脚蹬地及时前移，并且紧拢右手(即底手)，右臂变为铡肩欺身，将乙向后摔倒。（图 2–136~图 2–141）

图 2–136

图 2–137

图 2–138

图 2–139

图 2-140

图 2-141

【动作要领】

盘腿、抄臂、砸压、欺身。

7. 耙拿

耙拿是指借用某种手法、步法，脚伸入并回卡住对方异侧脚踝内后侧，同时手摁扣该脚踝，将其向后摔倒的技术动作。由于手法不同，耙拿主要有偏门耙拿、大拿耙拿等。

（1）偏门耙拿

甲乙右架站立。甲左手抓乙小袖，右手抓偏门；乙左手抓甲小袖，右手扶按甲臂。甲抬右臂支乙左臂；同时，紧左手，若乙产生顶劲，此时甲迅速借此力，上步将右脚伸入并回卡住乙左侧脚踝内后侧；同时，左手松把、下移并摁扣该脚踝，右手向左侧旋推乙偏门，将其向后摔倒。（图 2-142~图2-147）

图 2–142

图 2–143

图 2–144

图 2–145

图 2–146

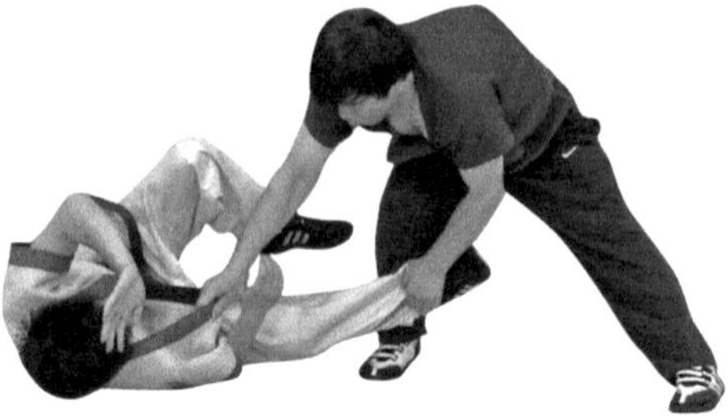

图 2–147

【动作要领】

抬臂，紧手，伸卡、摁扣、旋推。

(2) 大拿粑拿

甲乙右架站立。甲左手抓乙小袖，右手拿大领；乙左手抓甲小袖，右手扶按臂。甲上步耘乙，乙定会顶甲耘出的横劲。甲借力回身，出右腿从裆内去勾挂乙右脚跟，拿大领的手向左下方按压乙颈，左手迅速离开小袖，下落搬拿乙踝，将乙向后摔倒。（图 2–148~图 2–153）

【动作要领】

耘横、勾挂、按压、搬拿。

图 2–148

图 2–149

图 2–150

图 2–151

图 2–152

图 2–153

8. 缠刁

缠刁又称缠翻、窝勾、麻花掰、缠锋等。缠刁是指借用某种手法，脚和小腿从内向外缠绕住对方同侧小腿下部后，在支撑脚跳步同时缠绕脚向上勾踢，将其向后摔倒的技术动作。

甲乙右架站立。甲左手拢握乙臂，右手拿大领；乙左手抓甲小袖，右手散手。甲左手一紧；同时，右手突然向左下侧一摁，当乙产生相反的顶力时，甲迅速背步并用右脚及小腿从内向外缠绕住乙左小腿下部后，甲用身体欺压乙，在乙产生向上的顶劲时甲回看乙的身体并及时跳左脚、右手向后搂抱并翻转乙上体，右脚向上勾踢，此时形成顺时针方向的合力，将乙向后摔倒。（图 2–154~图 2–161）

图 2-154

图 2-155

图 2-156

图 2-157

图 2-158

图 2-159

图 2-160

图 2-161

【动作要领】

紧揌、缠绕、欺压、跳脚、翻转、勾踢。

9. 抠腿

抠腿是指冲裆滑步，用手抠小腿后外侧的腘窝处，将对方向后摔倒的技术动作。

甲乙右架站立。甲左手抓乙小袖，右手抓乙偏门；乙左手抓甲小袖，右手扶按甲臂。甲左臂支架乙同侧手臂，同时紧右手，待乙产生对抗力之机，甲借机迅速冲裆滑右步上欺，左手抠乙右小腿后外侧腘窝处；同时，右手向左前下方支捅，将乙向后摔倒。（图 2–162~图 2–166）

图 2–162

图 2–163

图 2–164

图 2–165

图 2–166

【动作要领】

冲裆、滑步、欺身、抠腘窝、支捅。

10. 掏腿

掏腿是指向对方体侧滑步，用手摞抬对方膝和小腿上部内侧处，将对方向后摔倒的技术动作。

甲右乙左架站立。甲左手抓乙小袖，右手反挂直门；乙左手抓甲小袖，右手扶按甲臂。甲右手臂向左下架捅乙左手臂，同时紧左手。待乙产生对抗力之机，甲借机迅速上右步进右腿至乙左腿外侧，左手顺势掏乙左腿腘窝或小腿上部内侧处，同时右手向右侧前下方翻压，将乙向后摔倒。(图 2–167~图 2–172)

图 2–167

图 2–168

图 2-169

图 2-170

图 2-171

图 2-172

【动作要领】

架捅、滑步、掏腘窝、翻压。

11. 躺刀

躺刀是指借用某种手法、步法，用小腿盘挂并刀割对方同名腿小腿，同时坠欺对方，并借对方抬体之机，支撑脚蹬地和仰靠对方身体，将其向后摔倒的技术动作。

甲乙右架站立。甲左手抓乙右小袖，右手控制乙左手；乙左手尚未抓拿，右手扶按甲臂或抓小袖。甲在紧底手，捻按乙左手的同时右步滑进和靠近乙两脚之间并裹入右肩；用右小腿盘挂并刀割乙右小腿，同时坠欺乙，并借乙抬体之机，左脚蹬地和仰靠乙身体，将其向后摔倒。（图 2–173~图 2–178）

图 2–173

图 2–174

图 2-175

图 2-176

图 2-177

图 2-178

【动作要领】

滑步、裹肩、盘挂、刀割、坠欺、仰靠。

12. 耙子

耙子是指借用某种手法、步法，用脚挂拉对方同名脚踝后部，将其向后摔倒的技术动作。

甲乙右架站立。甲左手抓乙小袖，右手扶控乙左臂；乙左手散手，右手扶按甲臂。甲上右步，同时右手从外绕到乙左臂内后旋撂并左手支捅乙右臂（旋撂力和支捅力形成力偶）。在旋撂（liào）和支捅中待乙顶劲之时，甲左脚横跨一大步，左手迅速捌把和右手拉按乙偏门，并迅速伸右脚贴近和挂拉乙右脚踝后部，将乙向后摔倒。（图 2–179~图 2–184）

图 2–179

图 2–180

图 2–181

图 2–182

图 2–183

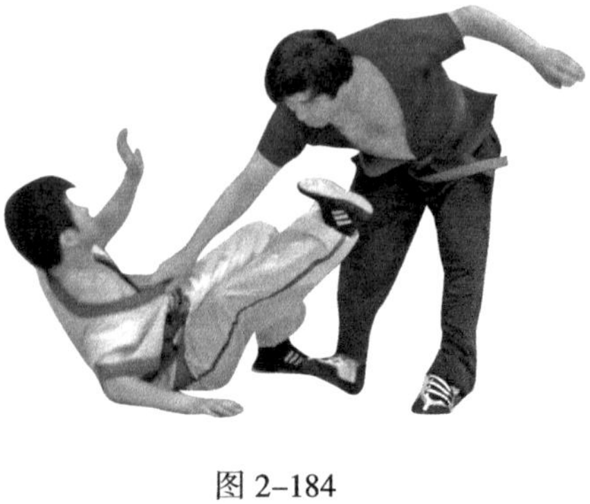

图 2–184

【动作要领】

旋摺、支捅、捌把、拉按、挂拉。

13. 掰子

掰子是指借用某种手法、步法，下肢卡管住对方同侧下肢，用手掰颌部，将其向后摔倒的技术动作。

甲右乙左架站立。甲乙散手。甲倒乙左臂并将其拿横于胸前，同时右脚滑至乙左脚外侧，用右膝将乙左腿扣管住，同时用右手掰乙颌部（必要时配用腮面部轧碾对方腮面部），往右下坠转身体，当乙失重心后，甲向后撤步，将乙向后摔倒。（图 2–185~图 2–191）

图 2–185

图 2–186

图 2–187

图 2–188

图 2–189

图 2–190

图 2–191

【动作要领】

倒臂、滑步、扣管、掰颌部、撤步。

三、侧倒类

1. 肘

肘是指在运用双手同时向侧呈弧形摁扽对方，将其向侧面摔倒的技术动作。

由于手法不同，肘主要有偏门肘、大拿肘等。

（1）偏门肘

甲乙右架站立。甲左手抓乙小袖，用右手抓偏门；乙扶按甲臂。甲上右步撮乙，这时乙产生犟劲，此时甲突然撤左腿闪空，双手向体侧前下方呈弧形摁扽乙偏门和小袖，将乙向侧面摔倒。（图 2–192~图 2–197）

图 2–192

图 2–193

图 2-194

图 2-195

图 2-196

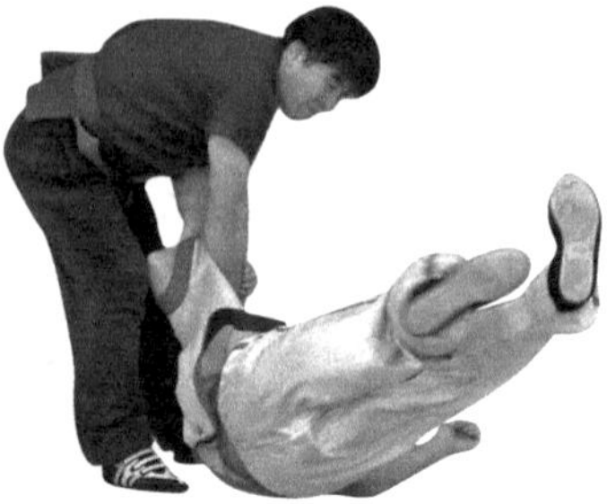

图 2-197

【动作要领】

撮、撤腿闪空、摁扽。

(2) 大拿肘

甲乙右架站立。甲左手抓乙小袖，用右手揪拿乙大领；乙扶按甲臂或抓小袖。甲上右步撮乙，这时乙产生犟劲，此时甲

突然撤左腿闪空，双手向体侧前下方呈弧形摁抻乙偏门和小袖，将乙向侧面摔倒。（图 2–198~图 2–203）

图 2–198

图 2–199

图 2–200

图 2–201

图 2–202

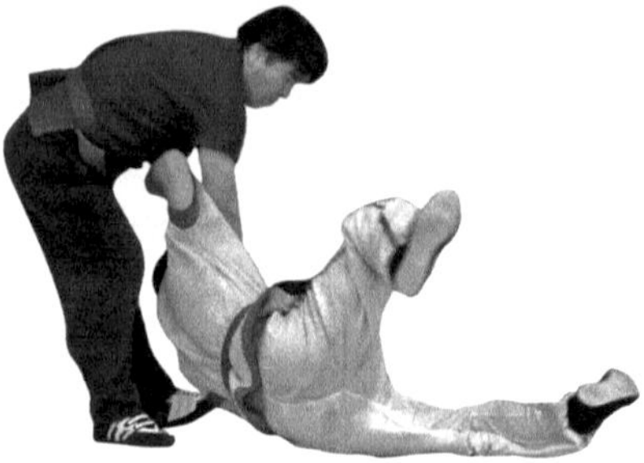

图 2–203

【动作要领】

撮、撤腿闪空、摁扽。

2. 手别

手别是指在运用一定的步法，用手捂摁对方膝外侧，将其向侧面摔倒的技术动作。

根据对方重心变化情况，可采用上步手别、背步手别等。

（1）上步手别

甲乙右架站立。甲左手和手臂夹乙手臂，用右手拿控乙手臂；乙两手被控制。甲左手突然向自己右侧轰带乙臂，乙产生犟劲，此时，甲顺势上左步，同时向左裹肩垂手并别住乙右腿膝外侧；同时，欺身、长腰、变脸，将乙向侧面摔倒。（图 2–204~图 2–209）

图 2–204

图 2–205

图 2–206

图 2–207

图 2–208

图 2–209

【动作要领】

夹、轰带、上步、裹肩垂手、欺身、长腰、变脸。

(2) 背步手别

甲乙右架站立。甲左手和手臂夹住乙手臂，用右手拿控乙手臂；乙两手被控制。甲左手突然向自己右侧轰带乙臂，这时乙产生犟劲，此时，甲顺势背左步向左裹肩垂手并别住乙右腿膝外侧；同时长腰、变脸，将乙向侧面摔倒。（图2–210~图2–215）

图 2–210

图 2–211

图 2–212

图 2–213

图 2–214

图 2–215

【动作要领】

夹、轰带、背步、裹肩垂手、长腰、变脸。

3. 踢

踢是指借用某种手法和步法，用脚踢挡对方小腿中下部位，将其向侧摔倒的技术动作。踢主要包括大拿踢、扛踢、上步踢等。

(1) 大拿踢

甲右乙左架站立。甲左手抓乙小袖，右手拿大领；乙扶按甲臂或抓小袖。甲上左步并且用双手向左前下方突然一凿乙，这时乙产生犟劲；此时，甲顺势用左手向右挣捅乙右臂，右手向右下方拉带乙大领；同时，坐腰、转体、抬右脚踢挡乙左小腿中下部位并向侧面闪身，将乙向侧面摔倒。（图 2-216~图 2-220）

图 2-216

图 2-217

图 2-218

图 2–219

图 2–220

【动作要领】

凿按、上步、挣捅、坐腰、转体、踢挡、闪身。

(2) 扛踢

扛踢是把对方先扛起来以后，再踢对方并将其向侧面摔倒的技术动作。

甲右乙左架站立。甲左手托扶乙肘部，右手拿大领；乙左手抓甲小袖，右手拿大领。甲被乙控制而挣脱不开，此时甲头从乙抓大领的手臂下穿出，速用肩颈往斜上方扛乙，使乙重心提起。然后甲顺势用左手托送乙右臂，右手向右下方拉带乙大领，转身、坐胯、抬腿、闪身，一气呵成将乙向侧面摔倒。(图 2–221~图 2–226)

图 2–221

图 2–222

图 2–223

图 2–224

图 2–225

图 2–226

【动作要领】

窜头、托送、拉带、转身、坐胯、抬腿、闪身。

4. 勾子

勾子是指借用某种手法和步法，用一腿向后上方挂扔对方异名腿，将其向侧面摔倒的技术动作。由于挂扔腿的具体方法不同，因此勾子又分为立勾、撩勾和挑勾三种。

（1）立勾

立勾是指运用一定手法和步法，以腿入裆缠绕对方的异名腿腿后，再立腿向后上方挂扔，将其向侧面摔倒的技术动作。

甲乙右架站立。甲左手抓乙小袖，右手揪拿大领；乙揪甲小袖或扶臂。甲先背步，将一腿插入乙两腿之间，将乙左腿缠住向后上方挂扔；同时，松开揪拿大领的手，用手臂夹住乙脖，紧底手（左手），长腰、扎头、变脸，一气呵成将乙向侧面摔倒。（图 2–227~图 2–233）

图 2–227

图 2–228

图 2-229

图 2-230

图 2-231

图 2-232

图 2-233

【动作要领】

背步、缠、夹脖、挂扔、长腰、扎头、变脸。

(2) 撩勾

撩勾是指运用一定手法和步法，直接扔腿入裆，搭住对方的大腿内侧往上撩，将对方向侧面摔倒的技术动作。

甲乙右架站立。甲左手抓乙小袖，右手揪拿大领；乙揪甲小袖或扶臂。甲背步并将右腿摆入乙两腿间，撩乙左大腿内侧，将乙左腿高高撩起；同时，紧底手（左手）、裹上手（右手）、长腰、扎头、变脸，一气呵成将乙向侧面摔倒。(图2–234~图 2–239)

图 2–234

图 2–235

图 2–236

图 2–237

图 2–238

图 2–239

【动作要领】

背步、摆腿、紧底手、裹上手、长腰、扎头、变脸。

(3) 挑勾

挑勾是指运用一定手法和步法，先向前摆腿 (败步或盘腿)，再扔腿入裆，勾住对方的腿尽量上挑，将其向侧面摔倒的技术动作。

甲乙右架站立。甲左手抓乙小袖，右手揪拿大领；乙揪甲小袖或扶臂。甲先往前摆腿（败步或盘腿），再扔腿入裆，搭住乙左腿尽量上挑；同时，撤开底手，砸上手，长腰、扎头、变脸，一气呵成将乙向侧面摔倒。（图 2–240~图 2–245）

图 2–240

图 2–241

图 2–242

图 2–243

图 2-244

图 2-245

【动作要领】

摆腿、扔腿、上挑、撤底手、砸上手、长腰、扎头、变脸。

5. 别子

别子是指借用某种手法和步法，用腿抽打对方同名腿小腿外侧，将对方向侧面摔倒的技术动作。根据手法、步法和抽打动作的不同，别子主要分为杠别、蹬别和抽别三种。

(1) 杠别

杠别是指运用一定手法和步法，直接用腿抽打对方同名腿小腿外侧，将对方向侧面摔倒的技术动作。

甲乙右架站立。甲左手抓乙小袖，右手揪拿大领；乙揪甲小袖或扶臂。甲背步后，直接用右腿抽打乙右腿小腿外侧；同时，甲紧底手（左手）、裹上手（右手）、长腰、扎头、变脸，一气呵成将乙向侧面摔倒。（图2–246~图2–249）

图2–246

图2–247

图2–248

图2–249

【动作要领】

背步、抽打、紧底手、裹上手、长腰、扎头、变脸。

(2) 蹬别

蹬别是指当一腿被抱之后，运用一定手法和步法，将蹬腿和直接抽打对方同名腿小腿外侧相结合，将对方向侧面摔倒的技术动作。

甲右乙左架站立。甲左手抓乙小袖，右手抓背部跤衣；乙两手合抱甲右腿。当乙将甲右腿抱起后，甲左腿顺势蹬地前移并欺压乙；当乙再次起身之时，甲右腿迅速向乙右小腿外侧方向蹬腿和直接抽打乙右小腿外侧；同时，甲紧底手（左手）、裹上手（右手）、长腰、扎头、变脸，一气呵成将乙向侧面摔倒。（图 2–250~图 2–257）

图 2–250

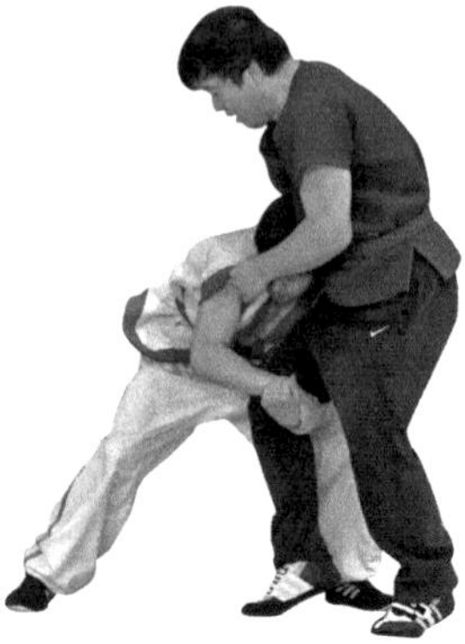

图 2–251

图 2–252

图 2–253

图 2–254

图 2–255

图 2–256

图 2–257

【动作要领】

蹬地、欺压、蹬腿、抽打、紧底手、裹上手、长腰、扎头、变脸。

（3）抽别

抽别是指运用一定手法和步法，先向前摆腿（败步或盘腿），再用同名腿腿抽打对方同名腿小腿外侧，将对方向侧面摔倒的技术动作。

甲乙右架站立。甲左手抓乙小袖，右手揪拿大领；乙揪甲小袖或扶臂。甲向右耘横乙，背左步贴近乙，右胯再适度填入；再往前摆腿（败步或盘腿），用右腿向斜后上方抽打乙小腿外侧，紧底手，裹上手，向左下扎头变脸，将其向侧面摔倒。（图 2-258~图 2-263）

图 2-258

图 2-259

图 2-260

图 2-261

图 2–262

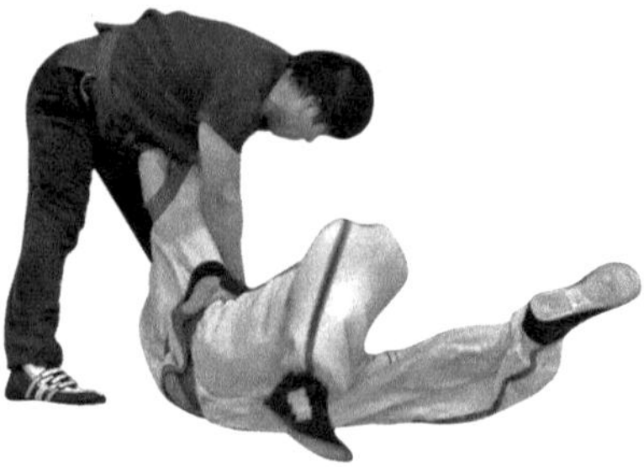

图 2–263

【动作要领】

耘横背步、填胯入腰、抽打小腿、紧底手、裹上手、扎头变脸。

6. 崴

崴是指借用某种手法和步法，将腿插入对方裆内，转体、长腰、变脸并用手臂向侧前支送，将对方向侧面摔倒的技术动作。根据手法、步法的不同，崴主要有反挂门崴、圈臂崴等。

（1）反挂门崴

甲乙右架站立。甲左手抓乙小袖，右手反挂直门；乙揪甲小袖或扶臂。甲左脚背步，右腿插入乙裆内并贴紧乙左腿内侧。紧底手，转体、长腰变脸同时反挂直门的右肘臂支送乙左手臂，将其向侧面摔倒。（图 2–264~图 2–268）

图 2-264

图 2-265

图 2-266

图 2-267

图 2-268

【动作要领】

反挂门、背步、腿入裆、紧底手，肘支送，转体、长腰变脸。

⑵ 圈臂崴

甲乙右架站立。甲左手揪乙小袖，右手抓中心带；乙揪甲小袖或扶臂。甲稍一离腰就用手臂把乙抠腰的臂圈住；同时，甲跳步，右腿扦入乙的两腿之间，松开底手，转体、长腰、变脸；同时，圈臂的手向侧前压送乙左臂，将其向侧面摔倒。(图 2–269~图 2–274)

图 2–269

图 2–270

图 2–271

图 2–272

图 2–273

图 2–274

【动作要领】

圈臂、跳步、扦入、松开底手、转体、长腰、变脸、圈臂压送。

7. 扠撤

扠撤是指用上手扠捧对方同侧腋下，当对方重心下降时则顺势沉扒对方肩背部，同时底手向异侧下方支捅，将对方向侧摔倒的技术动作。

甲乙右架站立。甲左手抓乙小袖，右手控制乙左手；乙揪甲小袖或扶臂。甲左手揪拿乙小袖，主动用右手扠捧乙。待乙屈腿下蹲时，甲趁势右腿撤步闪身；同时，右手突然顺势下沉扒带乙肩背部，底手向右下方支捅，将乙向侧面摔倒。（图2–275~图2–280）

图 2–275

图 2–276

图 2–277

图 2–278

图 2–279

图 2–280

【动作要领】

扠捧、顺势下沉、扒带、支捅。

8. 入

入是指用手臂挟住颈部，入腰进胯，将对方向侧面摔倒的技术动作。

甲乙右架站立。甲左手抓乙小袖，右手封住乙左手；乙揪甲小袖或扶臂。甲背左步转体；同时，缅乙腕松右手，改为挟乙脖颈，填腰入胯，低头、扎腰、变脸，将乙向侧面摔倒。(图 2-281~图 2-286)

图 2-281

图 2-282

图 2-283

图 2–284

图 2–285

图 2–286

【动作要领】

背步转体，挟脖颈，填腰入胯，低头、扎腰、变脸。

9. 搀管

搀管是指借用某种手法，用手臂锁拢（就是搀）住对方上臂，同时用膝封扣（就是管）住对方同侧膝关节外侧，将对方向侧面摔倒的技术动作。

甲右乙左架站立。甲左手揪拿乙小袖，右手封住乙左手；乙揪甲小袖或扶臂。甲在紧底手的同时右手向内、向下捻乙左手，当乙向后收手撤身之际，甲及时滑步进身用膝向内封扣（管）住乙左侧膝关节外侧；同时，用右手和臂锁拢并向右后侧搀乙右上臂，将乙向侧后方摔倒。（图 2–287~图 2–293）

图 2–287

图 2–288

图 2-289

图 2-290

图 2-291

图 2-292

图 2-293

【动作要领】

紧底手、捻手、滑步、封扣、锁拢。

10. 弹拧子

弹拧子是指用某种手法，配合脚外侧弹对方异名脚内侧，同时两手顺势拧按，将对方向侧面摔倒的技术动作。

甲右乙左架站立。甲左手揪拿乙小袖，用右手拿乙大领；乙揪甲小袖或扶臂。甲紧手，使乙认为是撮，待乙刚使出犟劲对抗时，甲将左脚向身后背一步，再用右外侧弹拨乙左脚的内侧；同时，两手顺势用冷脆劲向左下方拧按，将乙摔倒。（图2–294~图2–298）

图 2–294

图 2–295

图 2–296

图 2–297

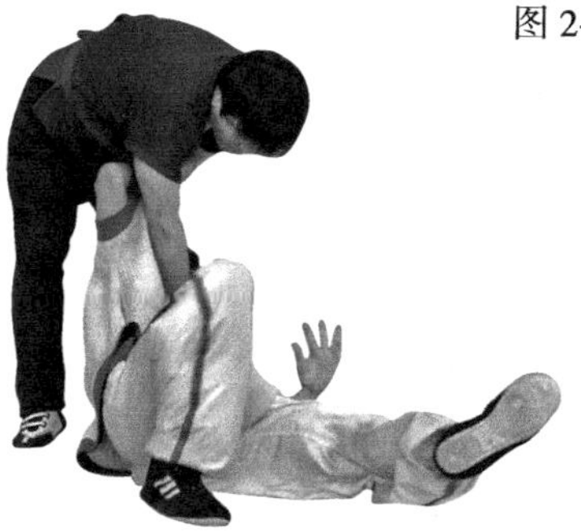

图 2–298

【动作要领】

紧手、背步、弹拨、拧按。

11. 里手豁

里手豁是指运用一定步法，用手擢撩对方小腿内侧，将对方向侧面摔倒的技术动作。

甲右乙左架站立。甲左手抓乙小袖，右手封住乙左手；乙揪甲小袖或扶臂。甲向右背步贴近乙；同时，左手向下扽拉和低头，右手擢撩乙左小腿内侧，利用力偶作用，一气呵成将乙向侧面摔倒。（图 2–299~图 2–303）

图 2–299

图 2–300

图 2–301

图 2–302

图 2-303

【动作要领】

背步、扽拉、低头、擢撩。

12. 扦腿

扦腿是指借用某种手法，用腿插入对方同名腿小腿侧前方别住，将对方向侧面摔倒的技术动作。

甲乙右架站立。甲揪乙偏门和小袖；乙揪甲小袖或扶臂。甲左腿向身后背步，迅速将右腿扦入乙小腿外侧别住，左腿外展，右腿蹬伸；同时，双手向前下方摔砸，一气呵成将乙向侧面摔倒。（图 2-304~图 2-307）

图 2-304

图 2-305

图 2-306

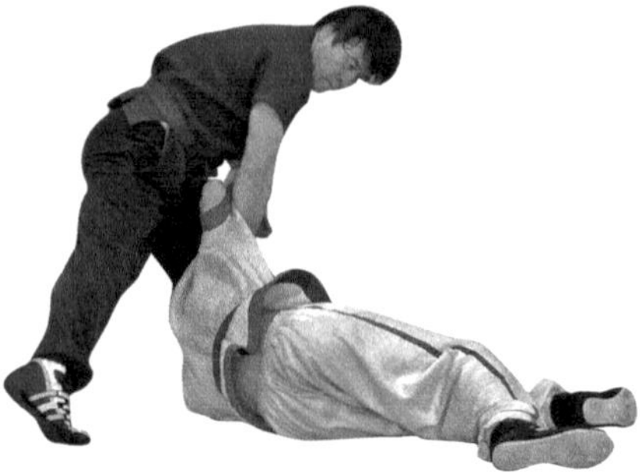

图 2-307

【动作要领】

背步、扦入、别住、蹬伸、摔砸。

13. 胯崩

胯崩是快速的进攻招法。是指运用一定的手法和步法，填腰入胯，将对方向侧面摔倒的技术动作。

甲右乙左架站立。双方散手。甲双手接拿乙左臂后，将乙左臂掴横于胸前，此时甲左手控制乙左臂并用身体挤住，腾出右手速抠乙的后带，立即长腰、变脸、崩腿和两手崩抖，将乙向侧面摔倒。（图 2-308~图 2-314）。

图 2-308

图 2-309

图 2-310

图 2–311

图 2–312

图 2–313

图 2–314

【动作要领】

捌臂、抠带、长腰、变脸、崩抖。

第三章 中国式摔跤身体素质训练

从项群训练理论来看，中国式摔跤是技能主导类格斗对抗性项目。身体素质是中国式摔跤运动员竞技能力的三个决定因素之一。因此身体素质在中国式摔跤练习和比赛中占有极其重要的地位。良好的身体素质不仅是掌握摔跤技术和战术的基础，同时也是有效预防运动损伤的基础。因此，在中国式摔跤训练中，要全面、系统地加强和提高身体素质训练。

身体素质主要包括速度素质、力量素质、灵敏素质、耐力素质和柔韧素质。中国式摔跤的身体素质训练通常体现为专项基本功和基本技术练习，有的时候一种专项基本功能够发展几种身体素质同时还能提高技术动作水平。

第一节 速度素质训练

速度素质是指人体快速运动的能力。包括对外界信号刺激快速反应能力和人体快速完成动作的能力以及快速位移的能力。因此速度素质可分为反应速度、动作速度和移动速度。

一、反应速度

1. 反应速度的训练方法

（1）听信号变向跑

慢跑中听信号后突然变向加速快跑 10~15m。

（2）原地静止变为加速跑

在原地听到信号后突然加速快跑 10~20m。

（3）俯撑起跑

从俯撑开始，听信号后迅速收腿起跑 10~20m。

（4）转身起跑

背对跑的方向站立，听信号后迅速转体 180°，加速跑 10~20m。

（5）听信号做专门练习

练习者听信号做各种步法、滚翻等动作。

2. 反应速度训练应注意的问题

在反应速度训练时，要求习练者注意力集中；教练员要经常改变刺激信号和发出信号的时间；练习时间不宜过长；所练习的动作必须是运动员所熟练的，并要注意控制好间歇时间。

二、动作速度

1. 动作速度的训练方法

（1）听口令、击掌或节拍器练习俯撑弓箭步交换跳

上体前倾俯撑，两脚前后开立成弓箭步。根据口令、击掌

或节拍器节奏，做快速弓箭步交换跳练习 30 秒左右，节奏由慢至快，再由快至慢，快慢结合。

(2) 听口令、击掌或节拍器练习基本功

以跳崩子练习为例。

入空、揣空都称为跳崩子。由上背、背步、转体和拉擦 4 个动作组成。两脚平行开立与肩同宽，右脚向左脚下前方上步，左脚背一步至右脚侧，屈膝成歇步。双脚提起脚跟，蹬地转体填腰入胯，转正身体后，双脚同时向后撤，行话叫“拉擦”。练习时，姿势要矮。练入时，背步以后，上体要往侧转，双臂做夹卷动作并随上体向侧扭摆，臀部在绷腿、拉擦时，要有弹力，以便把对方背翻而过。（图 3–1~图 3–16）

图 3–1

图 3–2

图 3–3

图 3–4

图 3–5

图 3–6

图 3–7

图 3–8

图 3–9

图 3-10

图 3-11

图 3-12

图 3-13

图 3-14

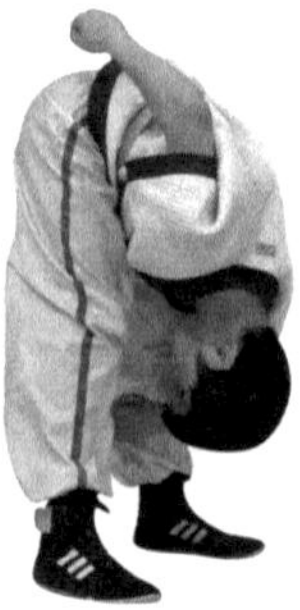

图 3-15

图 3-16

(3) 听口令、击掌或节拍器练习跤绊

以练习披为例。可反复地练习迅速借力钻肩、转体、立肘成左弓步使对方胸腹部贴近。

甲乙右架站立。甲左手抓小袖，右手抓偏门；乙左手尚未抓拿或已抓住甲右手小袖，右手扶按甲臂。甲右臂支架乙同侧手臂，当乙有下压之力时，甲迅速借力钻肩、转体、立肘成左弓步使对方胸腹部贴近。(图 3-17~图 3-19)

图 3-17

图 3–18

图 3–19

2. 动作速度训练应注意的问题

提高动作速度要与掌握和保持正确的技术动作紧密地结合起来；专门性的动作速度要与专项比赛动作要求相一致；反复练习某一规定动作以提高动作速度时，要注意变换练习的速度；练习时间不宜过长；间歇时间由练习强度决定，成正相关。

三、移动速度

移动速度的训练方法：

①超等长练习，如：单足跳 30~50m，立定跳远等。

②各种爆发力练习。

③高频率的专门性练习。如：高抬腿跑、小步跑等。

④利用特定的场地器械进行加速练习。如：斜坡跑、骑固定自行车等。

四、速度训练的基本要求

①速度素质训练应结合中国式摔跤运动专项进行，分别练习反应速度、动作速度和移动速度，突出将这三者结合起来练习。

②速度素质训练应在练习者兴奋性高、情绪饱满、运动欲望强的情况下进行，一般安排在练习课的前半部分进行。

③速度提高到一定程度时，常会出现进展停滞、难以提高的现象，称为“速度妨碍”。此时，可采用牵引跑、下坡跑等手段进行练习。

第二节 力量素质训练

力量素质是指人体神经肌肉系统在工作时克服或对抗阻力的能力。依完成不同体育活动所需要的力量素质的不同特点可分为最大力量、快速力量（爆发力是快速力量的一种）和力量耐力。

在中国式摔跤运动中要重点加强快速力量和力量耐力。

一、力量训练的方法

1. 对抗性练习

如双人顶。

2. 克服弹性物体的练习

如拉力器等。

3. 勾子空

上体前俯，右盘腿而向后、向上扔空。在扔的过程中，底桩要屈膝。腿可竭力高扔，扔起的脚面要绷直，同时扎头、变脸看脚底，左右腿交替练习。（图 3–20~图 3–24）

图 3–20

图 3–21

图 3–22

图 3–23

图 3–24

4. 小崴桩踢

两手半握拳于体前成马步站立。然后运用蹬脚拧髋力量使身体向右转动，向右转体后，左脚向右斜前方踢出。左右动作相同，唯方向相反，可反复练习。（图 3–25~图 3–35）

图 3-25

图 3-26

图 3-27

图 3-28

图 3-29

图 3-30

图 3-31

图 3-32

图 3-33

图 3-34

图 3-35

5. 踢腿

两手半握拳于体前成马步站立。连续左右踢腿，左右动作相同，唯方向相反，可反复练习。（图 3-36~图 3-40）

图 3–36

图 3–37

图 3–38

图 3–39

图 3-40

6. 横棒

大棒子是练中国式摔跤基本功的重要用具。常练习可使跤姿、跤架灵活、自然，手、步、眼协调。从实践中也可看出，有较深功夫的跤手，其跤姿优美，进招迅猛、利索。跤坛有“小棒子练拧，大棒子练横”的说法。大棒子对臂部的横耘、扠、轧、磨、支、盖和对腰部的摇逛、拧、长、转以及对腿部的崩、崴、背、盖等跤劲都有显著的锻炼效果。（图 3-41）

图 3-41

(1) 平胸横棒

双手持棒成马步站立。上一步成跤架，持棒正握拧转前后手，前把为上手，掌心朝斜下方，后把为底手，掌心朝斜上方。上步或撤步后，前后把用力耘横，将大棒子扳成与身体平行。平胸横棒可锻炼横劲（底把磨手）的功夫。如先撤步再一下耘横，可锻炼互摔时盖后契或把腰练成闪、磨的独特力量。这种力量也是跤术中撤步和踢抹脚、拦门脚以及许多绊子所需要的力量。左右动作相同，唯方向相反，可反复练习。（图3–42~图3–47）

图 3–42

图 3–43

图 3–44

图 3–45

图 3–46

图 3–47

（2）肩上横棒

双手持棒成马步站立。上一步成跤架，持棒正握拧转前后手，前把为上手，掌心朝斜下方，后把为底手，掌心朝斜上方。向前凿棒后向后撤一大步，与此同时左手向前用力推送棒子，右手向后牵拉棒子。左右动作相同，唯方向相反，可反复练习。（图 3–48~图 3–53）

图 3–48

图 3–49

图 3-50

图 3-51

图 3-52

图 3-53

7. 揣棒

双手持棒成马步站立。练时先上左步盖压，背左步并双手往后捅送。然后拧钻脚、转身、拱臂、绷腿、拉擦，完成揣棒的动作。左右动作相同，唯方向相反，可反复练习。（图 3–54~图 3–68）

图 3–54

图 3–55

图 3–56

图 3–57

图 3-58

图 3-59

图 3-60

图 3-61

图 3-62

图 3-63

图 3-64

图 3-65

图 3-66

图 3-67

图 3-68

8. 勾棒

双手持棒成马步站立。双手拧棒盖压。紧跟着背步同时转体 180°。将盘在前边的腿向侧后上方扔出；同时，两臂向下裹拉按棒。左右动作相同，唯方向相反，可反复练习。（图 3–69~图 3–77）

图 3–69

图 3–70

图 3–71

图 3–72

图 3-73

图 3-74

图 3-75

图 3-76

图 3-77

9. 抖皮条

早年都用线麻编成两头细中间粗的粗辫子，两手拿握住两头。后来多用两股皮条或铁链代替。三种用具各有一种劲。抖皮条的基础练习是“大四步”，即上步、背步共走四个位置，同时随上步两手用暴脆劲抻抖皮条。由于皮条是两条，故抖起来发出有节奏的崩击之声。它对发展臂部的崩、捅、拉、挣和腰部的扭、转、崩、长以及腿部的拧、崴、钻、弓、崩等各种力量都有很大的帮助。（图 3–78）

图 3–78

（1）原地马步抖皮条

马步站立，双手攥紧皮条，左右转身；同时，两手臂前后绷抖皮条，眼视皮条。左右动作相同，唯方向相反，可反复练习。（图 3–79~图 3–84）

图 3–79

图 3–80

图 3-81

图 3-82

图 3-83

图 3-84

(2) 弓步长腰崴桩抖皮条

马步站立，双手攥紧皮条。左脚蹬地、右脚外展，身体突然左转成右弓步，双手上下绷抖皮条，低头注视皮条，形成崴桩姿势。左右动作相同，唯方向相反，可反复练习。(图3-85~图 3-96)

图 3-85

图 3-86

图 3-87

图 3-88

图 3-89

图 3-90

图 3-91

图 3-92

图 3-93

图 3-94

图 3-95

图 3-96

(3) 四步抖皮条

马步站立，双手攥紧皮条。先上左步同时左手绷抖皮条，紧跟着卧步，双手绷抖皮条，低头，双脚蹬地、拧转，身体右转，左手向右绷抖皮条，腿前弓后绷形成崴桩姿势，目注视皮条。左右动作相同，唯方向相反，可反复练习。(图 3-97~图 3-110)

图 3-97

图 3-98

图 3-99

图 3-100

图 3-101

图 3-102

图 3-103

图 3-104

图 3-105

图 3-106

图 3-107

图 3-108

图 3-109

图 3-110

10. 推推子

推子通常是用木头制作而成，也可用普通建筑砖刻成石锁形状代替。练习中以推、支、通、拉、耘力为主。

(1) 平推

马步站立，两手握推放于腰侧，手心朝上，先由左手旋转推出，手背朝上，左手收回，手心仍朝上；同时，右手旋转推出。左右动作相同，唯方向相反，可反复练习。(图 3–111~图 3–115)

图 3–111

图 3–112

图 3-113

图 3-114

图 3-115

(2) 弓步长腰崴桩推

马步站立，两手握推于腰侧，手心朝上。俯身向右侧前方撇出左手推子，手心向上；拧脚向左转身，当身体转至左侧前方时，蹬地发力转体崴桩，右手旋转推出至手心向下，同时左手推子收回腰侧，稍变脸。左右动作相同，唯方向相反，可反复练习。（图 3–116~图 3–123）

图 3–116

图 3–117

图 3–118

图 3–119

图 3-120

图 3-121

图 3-122

图 3-123

(3) 四步推

马步站立，两手握推放于腰侧，手心朝上。上左步；同时，左手旋转推出，手心向下，紧跟着背步、卧步；同时，右手旋转推出，左手推子收回腰侧。而后右手翻转至手心向上，俯身向左侧前方撇出右手推子；拧脚向右转身，当身体转至右侧前方时，蹬地发力转体崴桩，左手旋转推出，手心向下，右手推子收回腰侧，稍变脸。（图 3–124~图 3–137）

图 3–124

图 3–125

图 3–126

图 3–127

图 3-128

图 3-129

图 3-130

图 3-131

图 3-132

图 3-133

图 3–134

图 3–135

图 3–136

图 3–137

这是不停顿的连环推法。左右动作相同，唯方向相反，可反复练习。

二、力量训练的注意事项

要处理好负荷与恢复的关系；要注意不同肌群力量的对应发展；少儿不宜大强度训练、应以动力性练习为主、不要过早地与专项运动技术相结合，应全面发展力量素质。

第三节　灵敏素质训练

灵敏素质是指在各种突然变换的条件下，运动员能够迅速准确、协调地改变身体运动的空间位置和运动方向，以适应变化着的外环境的能力。衡量灵敏素质的标志是运动员在各种复杂变换的条件下能够准确、迅速、协调地做出应答动作。对于练习中国式摔跤者来说，灵敏素质是非常重要的。

一、灵敏训练的主要方法

1. 各种改变方向的游戏

如绕杆蛇形跑等。

2. 各种调整身体方位的练习

例如，听口令做各种步法练习。

3. 做专门设计的复杂多变的综合练习

例如，用“之字跑”“躲闪跑”“穿梭跑”和“立卧撑”4 项组成的综合性练习。

4. 跪腿

两腿开立屈膝成马步，左右抡臂；同时，小腿向后撩踢臀部，反复练习。（图 3–138~图 3–143）

图 3–138

图 3–139

图 3–140

图 3–141

图 3–142

图 3–143

5. 盘腿

两腿开立屈膝成马步，双手自然下垂或掐腰。左腿由右膝上盘至胯部，形同踢毽。左右交替，反复练习。（图 3–144~图 3–147）

图 3–144

图 3–145

图 3–146

图 3–147

6. 四步抽腿

四步抽腿是由上步、背步、抽腿、转体 4 个环节组成。两腿开立并屈膝成马步，双手自然下垂；右脚向左脚前斜上一步，左脚向右脚后方背一步成歇步；两脚蹬地向右转体 180°，左脚拧转蹬地的同时右腿从左腿膝部上抽出（髋关节先动，以髋引腿）。左右动作相同，唯方向相反，可反复练习。（图 3–148~图 3–154）

图 3–148

图 3–149

图 3–150

图 3–151

图 3–152

图 3–153

图 3–154

7. 摇棒

(1) 定步摇棒

两脚平行开立，略比肩宽，两手正握棒子横于胸前，两臂微屈成预备姿势，左（右）手握棒向后、向上、向前划立

圆。左右动作相同，唯方向相反，可反复练习。（图 3–155~图 3–163）

图 3–155

图 3–156

图 3–157

图 3–158

图 3-159

图 3-160

图 3-161

图 3-162

图 3-163

(2) 活步摇棒

两脚平行开立，略比肩宽，两手正握木棒横于胸前，两臂微屈成预备姿势，右（左）手握棒向后、向上、向前在体侧前划立圆；同时，小腿向后撩踢臀部。左右动作相同，唯方向相反，可反复练习。（图 3–164~图 3–170）

图 3–164

图 3–165

图 3–166

图 3–167

图 3-168

图 3-169

图 3-170

二、灵敏训练的注意事项

灵敏素质要从少儿开始训练；灵敏训练一般安排在训练课的前半部分，另外采取各种手段消除恐惧，促进灵敏训练。

第四节 耐力素质训练

耐力素质是指有机体坚持长时间运动的能力。从生理学上，中国式摔跤运动员要重点加强力量耐力和速度耐力。

因为中国式摔跤比赛为两局，每局 2 分钟，局间休息 30 秒。如果将打分、暂停等时间也计算进去，则一场比赛时间为 6~7 分钟。因此，对力量耐力和速度耐力的要求非常严格。

一、耐力素质训练方法

1. 不同距离跑

中短距离的冲刺跑，如 30m、60m、100m、200m、400m、800m 等。

中长距离跑，如 1500m、3000m、5000m 和10000m 等。

以及各种距离的越野跑和变速跑等。

2. 过腿

与摆莲脚近似，难度较大。马步站立，两臂自然下垂，上体直立，松胯。左右做小崴桩，崴桩后踢起，然后转体、坐腰、外摆成小崴桩形状轻轻落地。左右动作相同，唯方向相反，可反复练习。（图 3–171~图 3–176）

图 3-171

图 3-172

图 3-173

图 3-174

图 3–175

图 3–176

3. 盖棒

两脚平行开立，略比肩宽，两手正握木棒横于胸前，两臂微屈成预备姿势，右脚向前上一步成跤架；同时，右手握棒向后、向上划立圆，由右肩上方向体前盖砸。左右动作相同，唯方向相反，可反复练习。（图 3–177~图 3–180）

图 3–177

图 3–178

图 3-179

图 3-180

二、耐力素质的注意事项

耐力素质训练时要遵循能量代谢系统规律，耐力训练要与技术训练高度结合，要以发展有氧耐力为基础。

第五节　柔韧素质训练

柔韧素质是指人体关节在不同方向上的运动能力以及肌肉、韧带等软组织的伸展能力。中国式摔跤比赛对抗激烈，动作转换快，对运动员的肩、肘、腕、腰、髋、腿、踝关节的柔韧素质有着极高的要求。如果柔韧不足容易造成肌肉、韧带拉伤，动作不到位，从而影响摔跤技术的发挥。所以加强柔韧素质的训练对促进中国式摔跤技术发展起到不可替代的作用。

一、柔韧素质训练方法

1. 静力性拉伸法

指通过缓慢的动作将肌肉、韧带等软组织拉长到一定限度时，暂停不动，保持静止一段时间的拉伸方法。如各种静力性的压腿、耗腿等。

2. 动力拉伸法

指有节奏地通过多次重复同一动作的练习方法。如各种踢腿、摆腿动作。

3. 动静结合法

指将静力拉伸和动力拉伸结合起来运用的方法。如中国式摔跤常练习的“合裆”方法。

两脚分开，上体直立。上体前俯，稍后两手扳扶左脚，身体慢慢靠近左腿，稍后向上转体翻脸。左右动作相同，唯方向相反，可反复练习。（图 3–181~图 3–196）

图 3–181

图 3–182

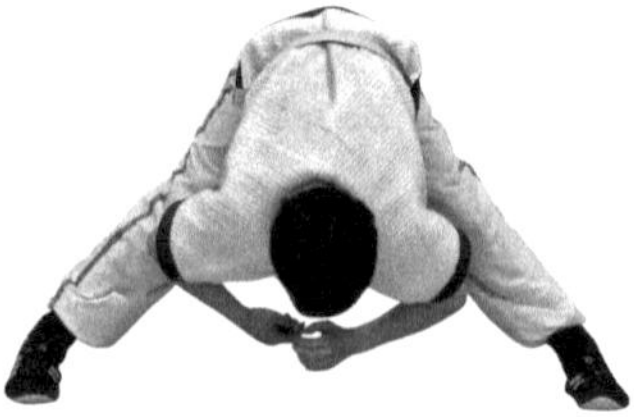

图 3-183

图 3-184

图 3-185

图 3-186

图 3-187

图 3-188

图 3-189

图 3-190

图 3-191

图 3-192

图 3-193

图 3-194

图 3-195

图 3-196

二、柔韧训练的注意事项

柔韧训练要与力量训练相结合进行；柔韧训练要以专项要求为准；柔韧训练要坚持不懈地进行。

【参考文献】

[1] 苏学良，苏鸿涛，朱建亮，等. 中国式摔跤教程[M]. 北京：人民体育出版社，2004.
[2] 李宝如，宋守今. 中国式摔跤精粹 [M]. 北京：现代出版社，1996.
[3] 中国式摔跤竞赛规则 [M]. 北京：人民体育出版社，2000.
[4] 全国体育院校教材委员会审定. 运动训练学 [M]. 北京：人民体育出版社，2000.